# Subconscient Évasé

Translated from the English version of

## Flared Up Subconscious

**Tran Nhuan Minh**

**Ukiyoto Publishing**

Tous les droits de publication mondiaux sont détenus par

**Ukiyoto Publishing**

Publié en 2023

Droits d'auteur sur le contenu © Tran Nhuan Minh

**ISBN 9789360164799**

*Tous droits réservés.*
*Aucune partie de cette publication ne peut être reproduite, transmise ou stockée dans un système de recherche documentaire, sous quelque forme que ce soit et par quelque moyen que ce soit, électronique, mécanique, photocopie, enregistrement ou autre, sans l'autorisation préalable de l'éditeur.*

*Les droits moraux de l'auteur ont été revendiqués.*

*Ce livre est vendu sous réserve de la condition qu'il ne soit pas, par voie de commerce ou autrement, prêté, revendu, loué ou autrement diffusé sans le consentement préalable de l'éditeur, sous une forme de reliure ou de couverture autre que celle dans laquelle il est publié.*

www.ukiyoto.com

*A ma sœur. Mme Chinnamma Paulose qui m'a initié à la littérature.*

# Table des matières

| | |
|---|---:|
| Soirée À Yen Tu | 1 |
| Faire Du Bateau Dans La Baie d'Halong | 3 |
| Le Poète Du Convoi | 6 |
| Poème D'amour Sur Un Jour Sans Toi | 9 |
| La Couleur D'antan | 10 |
| Tante Hai Vui | 12 |
| La Chute Libre | 14 |
| Tante Nga | 16 |
| Soirée Bleue | 18 |
| Le Chien De Mon Ami | 20 |
| Violet Vif | 22 |
| A Monsieur Vuong Lien | 24 |
| Réunion Des Cellules | 26 |
| Cette Nuit-Là, Dans La Forêt D'automne | 28 |
| Comment Le Savoir ? | 30 |
| Sable Blanc | 32 |
| Inconscient Enflammé | 34 |
| Tu Es Parti Comme Le Nuage Coloré De La Ligne D'horizon... | 36 |
| Je Ne Savais Pas Que J'étais Né.. | 38 |
| J'ai Marché En Oblique... | 40 |
| Qui A Trouvé L'individu | 42 |
| Pouvez-Vous Être Heureux ? | 44 |
| Je Suis Né Dans L'âme De L'arbre | 46 |

| | |
|---|---|
| I | 48 |
| Le Bien Et Le Mal | 49 |
| Les Génies Du Passé | 50 |
| L'homme Grandit... | 52 |
| Le Désir Du Roi | 53 |
| Tout Au Long D'une Vie Non Pacifique | 56 |
| Hommes Et Gouttes De Larmes | 57 |
| Traverser Le Monde | 59 |
| J'ai Traversé Le Quai Oublié | 61 |
| Je Ne Peux Tout Simplement Pas Savoir Pourquoi | 63 |
| Fleur Blanche | 64 |
| Fusain (1) | 65 |
| Dalat | 67 |
| La Ville De Hagiang | 69 |
| Le Nord-Ouest | 71 |
| Une Fois Que Vous Êtes Passé Par Ce Lieu | 73 |
| Il Semble Que Ce Jour-Là | 74 |
| L'automne Est Arrivé | 76 |
| Permettez-Moi De Vous Demander... | 77 |
| Nous Allions Tous Les Deux Partir... | 79 |
| Peut-Être Parce Que La Nouvelle Lune... | 80 |
| Vous Êtes Venu | 82 |
| Le Vénérable Vieillard Han Rend Son Dernier Soupir | 83 |
| Les Quatre Saisons | 85 |
| Don Quichotte | 87 |

| | |
|---|---|
| La Chanson De Van Ly Truong Thanh | 89 |
| Cinq Parties D'une Chanson Sur La Rive De La Rivière Truong Giang | 92 |
| Nguyen Du | 96 |
| Devant La Tombe Du Grand Écrivain Léon Nikolaïevitch Tolstoi | 99 |
| Dans Le Champ De Fleurs Dorées | 100 |
| Visite Du Musée D'anthropologie | 102 |
| Pluie À Victoria | 104 |
| Le Poète Et Le Voleur | 108 |
| L'oiseau | 109 |
| Recommandation À Son Enfant | 110 |
| Liberté | 112 |
| Vous Devriez Venir À Cette Minute | 113 |
| Inconscience | 115 |
| Faire Ses Adieux | 117 |
| *A propos de l'auteur* | *119* |

# Soirée À Yen Tu

*On apprend que le Sans-Parole*
*constitue l'écriture authentique*
(par Nguyen Du)

Soudain retentit un son modulé de cloche
La teinte de l'herbe devient inopinément jaunâtre
Comme s'il y avait quelqu'un qui marchait tranquillement
Et qui errait dans l'ombre du soir

Le son de la cloche est comme l'âme d'un homme
Qui est solitaire et très loin
Similaire à diverses directions de vie
Qui ne se rencontrent jamais

Je suis allongé sur le bord de l'herbe
Face au ciel élevé
Un sentiment de virginité
Au milieu d'une multitude de difficultés

Le son de la cloche est venu me chercher
En dispersant des couronnes pourpres livides
Le roseau semble perdre son âme
Tandis que la soirée sauvage était faiblement blanche

Où mènera la vie?
Quelle est la signification de l'homme?
Le bonheur et la souffrance existent-ils?
Quelqu'un a-t-il vu son existence future?

Chaque homme a sa propre question
L'accompagnant tout au long de sa vie
Montant et descendant
Je ne me suis pas encore trouvé...

Le son de la cloche a clairement diminué
La forêt haute est tombée dans l'obscurité
Des fragments agités de l'âme
Erraient désespérément dans le brouillard...
*Thuong Yen Avril 1983*

# Faire Du Bateau Dans La Baie d'Halong

Les montagnes de pierre bleu ciel s'enfoncent à moitié dans l'eau.

L'eau d'un bleu de rêve monte jusqu'au ciel

Au milieu des espaces vacillants de l'univers

Je fais du bateau et je me promène


Je n'ai pas besoin de savoir quelle est la hauteur du ciel et

à quelle distance se trouve la terre

Comment va aujourd'hui et qui suis-je ?

Les bancs de corail scintillent, l'île déserte est comme une torche

Ma main effleure les nuages aux couleurs nacrées

qui volent de façon errante


Les immenses bêtes sauvages qui vivent depuis des temps chaotiques

En foule, ils sont venus près de moi, en aboyant

et montrant leurs regards étranges

Les arbres anciens qui ont vécu des milliers d'années sur la pierre

Ne sont pas plus hauts que mes genoux

Naturellement, je surmonte tous les temps

Indifférents aux souffrances, à la faim et au froid,

ainsi qu'aux royaumes en ruine

Indifférent à ce monde incolore et absurde

Indifférent à la lune et aux étoiles rouges, dérisoires et trompeuses.

Devant mon bateau, des rochers de pierre émergent comme des nuages,

si irréels dans la brume

Et se métamorphosent soudain à chaque fois

quand je cligne des yeux

La jeune fille se baigne dans le ciel bleu et les nuages argentés

Comme si elle n'avait jamais vu

la silhouette d'un homme

Je lève les deux poings pour applaudir le vieux Créateur

qui, par une simple plaisanterie, a créé tant de splendeurs.

Les portes de pierre s'ouvrent et se ferment doucement et constamment

Je ne fais que tâtonner, sans concevoir la moindre

    la moindre idée...

1985

# Le Poète Du Convoi

*Au poète Thanh Tùng*

Tu es venu de Hai Phong
Remplissant la cour de l'odeur de la mer
Parlant de toutes les choses de la vie
Balancant tes mains des deux côtés du ciel

Tu es un convoi
Sur les routes, les rails et sur les voies maritimes
De temps en temps, tu rencontrais des voleurs
Quant aux voleurs... c'est incalculable

Notre patrie a connu une époque
Où les malfaiteurs étaient aussi nombreux que des champignons
Personne ne s'attendait à ce qu'un poète
Gagnât sa vie avec... son poing

Il avait frappé un "coup"
À ceux qui venaient "picorer" les marchandises
Et avait également été battu par eux

Si fort qu'il avait dû se frotter avec de la médecine pendant quelques mois

Il avait bu du thé de manière mesquine

Et avait tellement faim que ses yeux étaient devenus jaunes

Il y avait aussi une époque où il prenait deux repas par jour

Dans lesquels il mâchait du poulet "à sa guise"


En convoyant les marchandises, il ne pouvait pas permettre qu'elles soient perdues

Nuit après nuit, il restait éveillé sous les étoiles

Les poèmes dans sa tête se révoltaient

Alors que rien d'entre eux n'était écrit


Il "correctionnait" consécutivement

Ceux qui vivent pour l'argent

Ceux dont les écrits sont tous faux

Ont été loués par des émissions de télévision et des journaux


Ne bois pas quand tu es triste

Ne sois pas trop bavard quand tu es heureux

Tu as dit: "Je défie tout le monde et tout"

A condition que mes marchandises arrivent en toute sécurité à destination

Efforce-toi de convoyer la vérité

Vers les destinations ultimes!

La bouteille renversée de vin traditionnel

Debout avec le Ciel

buvant ensemble...

Bo Hon Automne 1986

# Poème D'amour Sur Un Jour Sans Toi

Si nous avions su que nous ne nous rencontrerions plus jamais

Je ne t'aurais pas accusé de tant de péchés

Tu es resté immobile, enfouissant ton visage dans l'obscurité

Pauvre toi, qui ne pouvait rien dire du tout


Si nous avions su que nous ne nous rencontrerions plus jamais

Je ne t'aurais pas rendez-vous cette nuit-là

Ainsi, le passé ne serait qu'affection

Tandis que l'avenir serait au moins sucré


Si nous avions su que nous ne nous rencontrerions plus jamais

Je ne t'aurais pas repris d'aimer quelqu'un d'autre

Cette chose simple que je viens de réaliser

Alors que tu es loin

Tu es déjà trop loin...

*1970*

# La Couleur D'antan

Tu m'as éclaboussé de la couleur bleue de l'automne

Tu es comme la lune de l'autre côté du ciel

Les yeux et les lèvres d'autrefois, nous ne devrions pas être tristes

Le vent a secoué la forêt et fait s'envoler les oiseaux


Pour qui les yeux pétillants se tournent,

et nos cœurs se sentent choqués

Est partie la rosée d'automne qui est tombée

sur les fleurs jaunes du palmier areca

Fini l'été chaud où les gouttes de pluie

les gouttes de pluie qui fondent rapidement

Disparu le temps sec avec tant de feuilles qui remplissent notre jardin.


Le parfum du printemps existe-t-il encore dans le couple

de doigts

Touchant tes lèvres sèches et minces

En effleurant tes joues avec la vieille âme blafarde

Et caressant tes paupières brouillées par la vapeur d'eau salée de la pluie...

*22-4-1969*

# Tante Hai Vui

L'année où oncle est parti à la guerre
Tante est restée seule, heureuse ou triste
Tu as dit que ces années-là
Étaient paisibles

On raconte qu'oncle est mort
Tante a accepté résignée la douleur
Élevant ses deux enfants et leur fournissant nourriture et éducation
Travaillant si dur qu'elle rétrécissait

Puis tout à coup, oncle est revenu
Dispersant un tapis plein de médailles
Elle a ri jaune
Sans se soucier d'essuyer ses larmes

Après ça... personne ne sait pourquoi
Il ne pouvait pas accepter la sécurité
Et a commencé à battre sa femme et ses enfants d'abord

Puis ce fut le tour de ses voisins
Ne soyez pas stupides à essayer de le dissuader
Car il est devenu l'homme numéro un du district
Qui pourrait gagner contre n'importe quel ennemi
Et ne perdrait que face à Dieu !

On a de la pitié pour tante Hai Vui
Avec son visage constamment violacé
C'est seulement maintenant que la guerre
Est vraiment arrivée jusqu'à elle

Il a demandé le divorce
Chaque enfant appartient à un camp
Elle a chanté comme une folle
Sa bouche tordue s'est transformée en un rire

On raconte qu'elle est allée en ville
Gagnant sa vie comme une femme de ménage
Et évitant toutes les connaissances
Les gens avec des visages maquillés et des pantalons fleuris...

*Bo Hon 10-1988*

# La Chute Libre

Au son du chant des grillons, la couleur de l'automne a soudainement passé près de la maison

L'ombre du sophora a teinté la moitié de la tristesse de l'année dernière

La vieille lune tombée s'est dissoute dans l'âme du chrysanthème sauvage

Les cheveux blancs ont tourné à l'obscurité ligne par ligne

Avec les pas de l'Automne qui partait

On entendait vaguement le battement des moments de séparation...


Tellement confuse était la rancœur des nuages et des eaux

Tellement silencieux qu'on ne peut retenir ses sentiments

Aimons ! Aimons ! Le vent froid et nord-ouest de la soirée s'est levé


Il n'y aura pas d'existence future, ô mon amour, s'il te plaît

Échange mille existences pour une minute lointaine et floue comme une ivresse

Ma tête a résonné comme une petite cloche

Devant la beauté si sonore et solennelle

Ô Automne, tu es si brillamment resplendissant

Je désire être brisé dans le bleu profond

Pour me transformer en or et voler à des milliers de kilomètres sur chacune des vérandas...

*7-1991*

# Tante Nga

Obéissant à l'intention de ta mère, tu t'es mariée
Tu as appris à tes enfants à obéir à leur père
Réputée pour être dévouée envers tes parents
Tu es aussi la plus jolie dame de la famille

Un fil d'argent à l'intérieur de ton col
Un collier en or à ton poignet
Tu les as soudainement laissés derrière toi
Puis tu es partie... sans envoyer de nouvelles pendant des jours et des nuits

Ton oncle, qui est policier
A conduit très vite pour te chercher partout
Comme si tu avais grandi des ailes
Et t'étais envolée haut vers le ciel...

Tu es partie avec un homme
Spécialisé dans la pêche des loups de mer
Côte à côte dans la cale du sampan

Au milieu des nuages et des eaux de tous les côtés
Personne ne sait si tu es heureuse
Ou si tu souffres
Une vie à moitié... oh oui, pourquoi
Ils ne pouvaient pas se retrouver...

*1988*

# Soirée Bleue

Il y avait une soirée d'un bleu très profond en nous-mêmes

Au petit étage sous la pluie qui s'étendait en obscurcissant la plage et le quai

Ta tunique était courte tout au long de ton enfance

Alors où pouvais-je cacher mon amour pour toi


Il y eut un soir perdu où nous étions côte à côte

Un vent léger soufflait sur la véranda sous le soleil de l'après-midi

Tes cheveux étaient ébouriffés et tu ne pouvais pas les peigner avant l'apparition de la lune

Quelques gouttes de tristesse stagnaient rêveusement dans les nuages


Il y eut un soir où des feuilles sèches volèrent au-dessus du puits de pierre

Tu es parti sur la route en pente et tu n'es jamais revenu

Des nuages vierges inclinés couvraient le ciel du hameau Bai

Les canards arboricoles s'appelaient au bout de l'étang des cerfs


Il y a eu une soirée calme et chaude où nous étions loin l'un de l'autre.

J'ai soudain eu l'impression que même la pleine lune déclinait.

Le mince lambeau dérivait et flottait dans le vent glacial

Qui soufflait avec perplexité depuis le jeune âge

de notre amour naissant...

*11-12-1968*

# Le Chien De Mon Ami

Il mord toujours mais n'aboie jamais
Il a soudainement mordu puis s'est tu
Allongé dans l'obscurité comme un rêveur
Avec un visage triste et des yeux mi-clos

Sauf le patron qu'il connaissait depuis
   le jour où il est venu vivre à la ferme
Il a pris des précautions même contre la femme et les enfants du patron
Je lui ai donné un morceau de bœuf sec qui sentait bon.
Il m'a mordu la main, quelle insolence ?

Je l'ai dit à son patron : Pourquoi ne pas l'emmener en ville et le vendre ?
Il a hésité, la lueur de ses yeux est devenue lointaine.
Il semble que son chien l'ait sauvé de la mort
Quand il a plongé dans l'antre des tueurs

Pas ému par le flirt de son amant

N'agitant pas la queue quand son patron lui caressait l'échine

Il s'est calmement jeté sur son ennemi

Avec un regard silencieux, solitaire et indifférent...

Mais il était tout de même empoisonné par la nourriture

Et traîna son corps paralysé jusqu'à la maison

Il s'efforça de contenir sa douleur déchirante

Levant les yeux pour dire au revoir à son patron, les larmes aux yeux...

*5-1991*

# Violet Vif

*Le fruit d'or qui vous est offert ne mûrit pas*
  *Qu'il reste vert jusqu'à la vieillesse*
    E.N.


L'ombre du soir s'envole sur la ville blafarde
Les nuages s'éveillent soudain au milieu du rêve hébété
La fumée bleue de la mer qui s'étend obscurcit
la vague argentée
Une moitié de l'automne avait son ombre inclinée sur
la cale du bateau


Les arbres et l'herbe insensibles teintent ton amour brisé
amour brisé
Le vent soufflait dans la nuit de dix-sept ans au clair de lune
Où te trouver ? Le ciel doux et inquiet
Jette dans mon âme la goutte de rosée humide et vieille.
L'air

transparent
    et pur à ce point

Les toits des rues étaient assombris par la tristesse de l'hiver qui tombe.

Mon pied a trébuché sur l'ombre humide et dégoulinante du soir

Je t'ai déjà manqué ? Le vent secouait le vieil amandier malabar


Des mois et des années ont passé. Le bonheur

et la tristesse aussi.

Je me suis penché pour ramasser les traces de pas

de notre temps d'amour

Si flottantes et à la dérive hélas ! Comment atteindre

Une ombre OUBLIÉE qui apparaissait vaguement

   au bout du ciel de YORE...

*16-8-1993*

# A Monsieur Vuong Lien

J'ai entendu vaguement que maintenant
Tu remplis des sacs de jute avec de l'argent
Et que tu embauches deux femmes de ménage
Pour laver tes pantalons et te tapoter dans le dos

Eh bien, je suis aussi heureux pour toi
C'est vrai qu'un flux a une marée basse
Car tu étais dans le passé
Très malheureux que je connaissais

Autrefois, on avait besoin d'une bonne histoire de vie
Maintenant, il faut avoir beaucoup d'argent
Étais-tu dans le vrai ?
Bêtement, je ne t'ai pas cru

Je suis toujours pareil
Parfois fatigué, parfois affamé
Parfois riche, parfois sans le sou

Ma femme est soudainement heureuse et
soudainement maussade
Les choses sont si compliquées dans la vie
Comment peut-on faire face au bien et au mal ?
L'esprit est tout ridé
Les livres de prières sont si enfantins et innocents

Je n'ai jamais vécu dans le Sud
Donc je pourrais ne pas être libéral
L'enfant d'autrefois
Tu l'as appris à être révolutionnaire

Tu es parti, je me souviens toujours de toi
À quiconque je rencontrais, je te demandais
Parfois je passais devant ton village
Sans raison, je me sentais toujours triste

Je ne sais pas s'il y aura un moment
Où tu auras soudainement pitié de ton amour passé
Elle travaille toujours dur et sans récompense
Et élève toujours ses enfants toute seule...

*1989*

# Réunion Des Cellules

Lors d'une réunion de la cellule
Les gens étaient assis de deux côtés
D'un côté, les employeurs
De l'autre côté, les employés

Bien qu'ils aient tous oublié la vérité
Sur les licenciements et les coupures de salaire des employés
Plus ils essayaient de fusionner
Plus les tromperies se multipliaient

Certains écoutaient sans rien dire
Certains ont parlé sans avoir besoin d'entendre
Bien qu'ils aient été complètement unanimes
Ils formaient toujours deux partis

L'employeur et l'employé
Ne peuvent jamais être sur un pied d'égalité
Le bon sens de la vie est si simple

Mais les gens se sont trompés jusqu'à un âge avancé
Quelle est la raison d'être boudeur ?
Quels sont les sentiments intimes qui font qu'on aime
Un jour, lorsque le PAYS devra
   devra faire face à des ennemis
Qui ira sur le champ de bataille


Comme un bateau qui hésite
Entre les deux rives d'un même lieu
L'esprit est vague et tremblant
Face aux vagues déferlantes du grand fleuve...

*1-1993*

# Cette Nuit-Là, Dans La Forêt D'automne

Cette nuit-là, dans la forêt d'automne, il y avait

    tant de lunes, tant de lunes

Le Dieu s'est répandu sur le ciel

Je voulais te tenir la main mais je n'osais pas te tenir la main

Chaque feuille était un œil qui regardait

Quel que soit l'endroit où je me trouvais, je le trouvais trop ouvert...


Cette nuit-là, dans la forêt d'automne, il y avait tant de vent, tant de vent

Les arbres et les feuilles bruissaient

Les arbres et les feuilles se disaient qu'on s'aimait

Je voulais aussi te le dire, mais j'ai gardé le silence

Et je ne savais pas quoi faire de mes mains et de mes pieds...

Cette nuit-là, la forêt automnale était étrangement odorante, étrangement odorante

Le rabat de ta robe était rempli de vent

Ta poitrine en forme de caveau était remplie de vent

Tes lèvres étaient pleines de lune

Tes yeux étaient pleins de lune...

*8-1998*

# Comment Le Savoir ?

Oh, ma chère,
Comment pouvons-nous savoir ce que tu seras dans
la prochaine existence ?
Une goutte de pluie qui vole dans le ciel ?
Un petit oiseau gazouillant sur une branche
de cet arbre ?
Une fleur sauvage qui s'épanouit vaguement
    à l'extrémité de ce jardin ?

Oh, ma chère,
Comment pouvons-nous savoir ce que
    je serai dans la prochaine existence ?
Être un gros rocher violet qui se tient seul
    sur le bord de la route ?
Être une rivière turbide qui coule sans cesse
    après cette pluie ?
Être la forme d'une montagne lointaine,
cachant sa tristesse dans le drap de neige ?

Ô ma chère,

Comment pouvons-nous savoir que nous avons encore une existence future ?

Comment pouvons-nous savoir que nous nous verrons encore ?

Comment pouvons-nous savoir que la tristesse passera très vite ?

Comment pouvons-nous savoir que nos cœurs ne souffriront pas ?...

*2015*

# Sable Blanc

La mer bleutée et la terre forestière noircie

La bande de sable sur la plage est toute blanche et neuve

Blanche jusqu'à un niveau où elle ne peut tout simplement pas se salir

Le sable ne dit rien,

il se rend simplement blanc...

Il est éclatant de blancheur, brillant de blancheur

En marchant sur le sable, on se sent comme si l'on marchait dans la lumière

En oubliant que l'on a des vols, des tromperies et des trahisons à côté de soi

Oh ! Comment une telle pureté peut-elle encore exister

dans ce monde humain...

Dans notre cœur, les harcèlements et les soucis semblent diminuer

Quand la nuit tombe, tandis que les rives

sont encore doucement fraîches et éclairées

Au milieu des ténèbres et des atrocités noires et sombres

Le sable ne fait que blanchir, il ne dit rien...

*2010*

# Inconscient Enflammé

Les visages de millions d'étoiles s'assombrissent
  dans la vapeur du vin du ciel
Mon sang a coulé dans la couche noire
Les feuilles vertes étalent leur couleur légèrement bleue
La peau et la chair ont ri d'une blancheur étincelante
aux quatre coins


La vague goutte de pluie a teinté la frêle couche de nuages
Faisant en sorte que tant de sentiments terrestres les plus intimes
        à devenir omniprésents et parfumés
Oh, illusion ! Entre les notions illimitées
    de l'Existence de la Non-existence
Qui suis-je ? Est-ce que j'existe dans l'infini...


Le réveillon lunaire s'est déroulé comme
une jeune fille célibataire

Si belle malgré l'amertume d'être sur l'étagère

Où étais-je au milieu de l'ancienne saison d'azur ?

La joue de la lune pâle tremblait incontrôlablement
    avec des traces de lèvres embrassées...


Je suis l'amant de trois cents tristes couleurs d'automne

Tout amour et toute haine, je n'ai pas besoin de me souvenir

Adieu oh adieu la couleur de l'horizon du soir sans vent

Je suis seul avec un génie follement occupé(1)


Avec le pressentiment lointain qui vient soudain de s'éveiller

J'ai arrosé ce monde d'une goutte de vin rosé

J'ai soudain vu à travers le ruisseau bleu
    de la rivière Cua Luc

La silhouette de Truong Chi ramant sur un bateau en bois de santal blanc...

*1992*

# Tu Es Parti Comme Le Nuage Coloré De La Ligne D'horizon...

Tu es parti comme le nuage coloré de la ligne d'horizon

Se balançant au sommet de l'hibiscus
     mutabilis

Ta tête était un filet d'abeilles forestières

Que quelqu'un avait oublié

Le nectar suintait de tes lèvres

Le parfum s'est envolé à des milliers de kilomètres

Ta poitrine était un pot de vin parfumé

Le diable en a versé une pleine coupe

Et alors qu'il s'apprêtait à la boire, il vit
 un lézard se transformer en renard

Ton ventre était une colline fraîche et verte

De ce côté, il y avait la lumière dorée de la lune

De l'autre côté, l'obscurité
     de l'ombre nocturne

Lieu d'où provenaient d'effroyables troubles...
Ta paire de cuisses était comme une paire de ciseaux
Lorsqu'elle est fermée doucement
Peut couper la vie de tant de héros chevaleresques

   et magnanimes...

Eh bien
Tu t'es juste faufilé à travers
Une dalle de pierre...

*2003*

# Je Ne Savais Pas Que J'étais Né..

Je ne savais pas que j'étais né

                Sous quelle étoile

Mais je savais que cette étoile

Fonctionnait harmonieusement à l'intérieur de mon corps

                Avec des ondes musicales silencieuses

Et quand je pensais à de bonnes choses

Cette étoile devenait un peu plus brillante

Dans la voûte nocturne parsemée d'étoiles


Je ne savais pas que j'allais mourir

                Quel jour

Mais je savais que ce jour-là

Cette étoile brillait de tout son éclat

Et tombait sans fin dans l'obscurité lointaine de la nuit

Et les vagues musicales silencieuses

                    Pour la dernière fois ont été émises
Faisant en sorte que tous les nouveaux-nés

                             à                      sourire
silencieusement

                             un                léger
sourire
Et dans le coin du jardin, tard dans la nuit
Là où je t'ai embrassée pour la première fois
S'épanouit en écho
                une églantine
                         vert bleuâtre violet
Minuscule et tremblante comme
                le bouton
                      de ta robe
                                  qui        est
tombé...

*2003*

# J'ai Marché En Oblique...

J'ai marché en oblique
23 degrés d'inclinaison
Les sens se ferment et s'ouvrent à mon insu
La terre aussi a marché comme ça
Depuis qu'elle est née
Alors que les arbres et les feuilles fraîches et vertes bruissaient
Le son est si doux à l'intérieur de la terre


Le verset a également marché de manière oblique
23
degrés d'inclinaison
Alors qu'il y avait quatre saisons
De ce côté, il y avait la neige qui tombait
De l'autre côté, le vers intolérablement ensoleillé
Tous les mots croisés ont eu la brise...

Je ne savais pas pourquoi un soir
Tu t'es soudain appuyée contre moi
J'ai deviné
   Et aussi avec 23 degrés d'inclinaison
Parce qu'après ça
   J'ai tout ignoré
Quand nous avons tourné ensemble
  A la vitesse de la terre...

*2003*

# Qui A Trouvé L'individu

Qui a trouvé l'Individu
La Révolution a commencé
Ou est sur le point de commencer
La grande tempête qui s'est levée de la table à dessin
Les mots sont plus effrayants que
la lumière clignotante des épées et des sabres...

La réponse prévaut toujours dans la question
Aussi silencieuse que le tonnerre et la foudre

Hip hip hourra pour l'Individu
Pour la deuxième fois
J'ai échappé à la bande et au troupeau
Pour la deuxième fois
Je me suis levé sur mes deux pieds
Pour la deuxième fois
J'ai existé tout seul...

De loin et en profondeur dans l'ego
Tout s'est envolé
L'ego a créé le monde
Et a vibré dans toutes nos cellules...

*2007*

# Pouvez-Vous Être Heureux ?

Pouvez-vous être heureux ?

Il y aura un jour
Les fleurs ne fleurissent que pour elles-mêmes
      Pas à cause de la saison
Et, quand en chemin on voit une corde
  On ne pense pas que c'est un serpent venimeux

Entendez-vous
Il y aura un jour
On peut mesurer la hauteur des rêves
On peut compter le poids des émotions
On peut peser la balance de la pensée

Pouvez-vous croire
Il y aura un jour
On peut automatiser les processus inconscients
Dans ce monde

Les traîtres seront immédiatement exilés

A l'endroit même où il a vécu

Le calomniateur

a soudain le visage barbouillé d'un sang nauséabond

                              De lui-même

Ceux qui ont furtivement dispersé des nuages

    et creusé des trous dans la rue


Se feront couper les bras

Quand ils criaient des acclamations

Et levaient leurs coupes de vin au niveau de leurs têtes...

Et ceux qui ont planté l'arbre de la bénédiction

Leurs jardins seront pleins de fruits de bénédiction

Si l'on s'enfile involontairement sur le dos

    d'un serpent venimeux

Le serpent venimeux se transformera en ficelle....

*2007*

# Je Suis Né Dans L'âme De L'arbre

Je suis né dans l'âme de l'arbre

Pour que la couleur de l'automne soit doucement triste dans ses feuilles

Je suis né dans le cerveau de la Terre

Pour que la nuit de printemps soit remplie
    des bruits d'insectes

Je suis né dans ton amour

C'est pourquoi
    Tout au long de ta vie, tu as toujours désiré

Les histoires d'amour éternelles et sans rivage

Et perpétuellement
        Dû à la fumée et à la rosée...


Tant de nuits

Marchant à tes côtés
        en silence

Les fleurs célestes tombaient comme la pluie...

Je t'offre

L'amertume du sourire

           tressé en rose

                      et épinglé sur les cheveux

Et le voile doux jeté sur les épaules

                Un morceau de lune dorée

Volant dans une forêt clairsemée...

*2007*

# I

Les phrases errantes d'une chanson
                    S'étaient endormies sous un ciel étoilé

I
Depuis quatre mille ans, ils sont éveillés
La mer était éveillée dans les vagues
Le vent était éveillé dans l'arbre
Je suis éveillé dans les lettres...

Avez-vous vu
Des millions et des millions d'hommes
            Se jeter à leur tour dans la guerre
Pour que le nom de leur pays
                  S'enflamme
Puis ils ont laissé derrière eux des tombes anonymes
Si blanches jusqu'à l'horizon...

*2007*

# Le Bien Et Le Mal

Combien d'existences mon corps a-t-il traversées
>                             Pour naître ?

Où mon âme s'envolera-t-elle
>                             Après ma mort ?

Le bien et le mal
>             Lequel est impérissable ?

Est-il vrai que la vie d'une rivière
>             Ne sert qu'à couler ?...

*2007*

# Les Génies Du Passé

Les génies du passé
Flottant et sombrant dans l'erreur
Ô génie lugubre
      Régnant sur neuf strates de nuages blancs


Tu as décidé mais j'ai toujours changé
J'ai changé mon propre moi
      Et je me suis changé moi-même
Alors tu te changeras toi aussi

Pensée et vitesse
Peut voir et atteindre ce monde
Déterminer à nouveau le Paradis et l'Enfer
Réorganiser les pluies d'automne
Réorganiser les nuances du ciel
Avec les ailes de l'oiseau volant
  comme une note de musique

Créer à nouveau les hautes sphères des aspirations profondes

Redonnant naissance aux saisons d'amour de la nouvelle lune

    Qui n'ont jamais existé auparavant...

*2007*

# L'homme Grandit...

L'homme grandit
   De contestations
Et peu à peu le mal s'imprègne dans le sang...

L'inimitié et la haine du mariage, des terres et des champs
ont toujours été latentes derrière tant de ceintures de bambous verts.
Il y a eu une pluie
    Qui a brûlé les rizières et les champs
Des mots mielleux qui brisaient le cœur des gens...

Il y a eu quelqu'un qui a poussé son ego
  jusqu'au bout et est devenu un véritable homme de talent.
Un autre a également poussé son ego jusqu'au bout
  mais il est devenu un homme sans pitié.
Les masses libres des nuages des jours passés
Passaient et souriaient silencieusement...

*2007*

# Le Désir Du Roi

Le désir du roi

Ne peut donner naissance à des hommes talentueux et justes

La première chose qu'un roi vertueux doit faire

est de sortir son peuple du cercle de la guerre...


J'avais entendu dire que

Le nom célèbre d'un général

était construit avec les cadavres de milliers d'hommes.

Les tentatives de contestation du pouvoir

Résonnaient encore quelque part par ici

                             Un chant épique de sang

Des os blancs ont été mis à sécher par les gens de la rive

Dans la Cour, la soie rouge a été accordée par le Roi...


Ne voyez-vous pas

Le trône a été coulé avec les cadavres des gens

Pour qu'un seul homme puisse s'y asseoir...

La résidence du Prince regorgeait

    de demeures dorées et de places ornées

Les bâtiments transversaux et les rangées verticales

    de maisons étaient toutes incrustées d'argent

    Nuit après nuit

        Le roi donnait des banquets

Les tambours de guerre résonnent de façon assourdissante.

Des fantômes sans tête s'alignent devant la cour

Les mains hérissées se tendent

Posant leurs bols, le couvercle vers le haut, attendant leur tour...

J'ai brûlé un tas de bâtons d'encens de vie

            Je me suis incliné pour remercier

Demandant à la Terre Sacrée de donner naissance

    et une position stable

à des rois vertueux

Pour que toutes les familles soient réunies génération après génération

Tandis que sur les champs de bataille

De nombreuses têtes de riz en or jailliront...
*2007*

# Tout Au Long D'une Vie Non Pacifique

Tout au long d'une vie peu paisible
          - A la minute où j'ai rencontré mon ancien amant...
Hélas !
L'amour est comme un coup de vent
Qui traverse
          La pointe de l'aiguille...

*2007*

# Hommes Et Gouttes De Larmes

Les hommes sont des gouttes de larmes
Du génie lugubre qui s'est abattu
   sur ce monde
La goutte de larme du côté droit est un homme
La goutte de larme du côté gauche est une femme
Ils se sont mélangés
      Et ils sont devenus immenses...

*La vie es tune mer de souffrances (1)*
*Les poèmes sont des chagrins qui ont élevé leur voix...(2)*

Les montagnes de l'Himalaya sont-elles
      les plus hautes montagnes ?
Demandez à la masse des nuages

---

*(1) Paroles de Bouddha.*

*(2) Inspiré d'un poète français.*

La toile d'araignée est-elle la chose

    qui se casse le plus facilement ?

Demandez à la mouche...

Le monde est toujours enchevêtré

Comme à l'époque où le ciel

et la terre venaient d'être créés

La montagne pense et les arbres verdissent

La rivière est triste et les vagues deviennent argentées...

Et le laboureur

N'a toujours pas besoin

Les majestueux chaudrons et les urnes

                  De diverses dynasties...


*2007*

# Traverser Le Monde

Il y a l'ombre de la nuit dans le jour
    Il y a l'éblouissement du jour dans la nuit
L'air innocent a opéré à travers la couleur de l'herbe
Après toutes les recherches, j'ai déclaré
Je ne suis pas moi-même. Je ne suis aussi rien du tout...


Le nuage à cet instant, il y a mille ans
    s'était envolé il y a mille ans
Tous les concours deviendront illusoires
Clignotant un temps ultime au milieu de la voûte tardive
    de la voûte nocturne
L'étoile était morte
    L'existence de cette terre verte et fraîche
                n'était qu'un hasard...


Comme au hasard, il y eut ma vie
C'est aussi par hasard que mon poème

                    étincelait comme une écaille de serpent
La pyramide qui s'arrête toujours
  vole à des milliers de kilomètres
Le bûcheron intelligent n'a pas besoin
   de la force de la hache...

Tout change rapidement
    bien qu'il y ait encore le matin et le soir
Je ne change pas
    Plus une chose est nouvelle,
   plus elle vieillit
En traversant ce monde, dont la surface est pleine de trous
J'ai porté sous mon bras un trésor
composé uniquement d'un clair de lune lumineux et silencieux...

*                                        1992*

# J'ai Traversé Le Quai Oublié

J'ai traversé le quai de l'Oubli et la rivière de l'Enchantement (*)

Et j'ai rencontré le roi des eaux qui allait cueillir des fleurs de lotus.

Le roi m'a dit : "Vous me semblez familier"

J'ai répondu : "Après avoir reçu le premier diplôme de lauréat

    j'ai oublié le chemin de la maison".

Nous sommes entrés tous les deux dans un café

En sirotant le café, nous avons senti la saveur du thé Thai Nguyen...

    Le roi a dit : "J'écris un livre de fées,

contenant des lettres de nuages blancs volant au-dessus de couleurs paradisiaques".

J'ai dit : "Les Terriens sont devenus différents.

Personne ne lit de livres et n'écoute les paroles du roi."

Le roi a dit : "Je dis aux Mandarins...

J'ai dit : "Les mandarins sont occupés à courir après les dollars...

Nous sommes sortis tous les deux de l'auberge,
et avons appris que c'était la maison d'un gobelin...
*2008*

------------------------------------------

*(\*) Rivière et quai à Hadès*

# Je Ne Peux Tout Simplement Pas Savoir Pourquoi

La première fois que je t'ai embrassée avec tendresse

Alors que j'étais épris, tu as soudainement ouvert les yeux.

Ce n'est qu'ainsi, mais je suis soudainement devenu paniqué

Je ne peux pas savoir pourquoi

Je ne peux pas savoir pourquoi...


Je t'aime de tout mon cœur, tu le sais certainement.

Mais toi non plus, tu ne peux pas savoir pourquoi

Tu ne peux pas savoir pourquoi...

Je m'éloigne silencieusement de toi

Sans dire un mot...

*2000*

# Fleur Blanche

Quand les fleurs de l'arbre baccaurea ont-elles fleuri ?

Tôt ce matin, j'ai soudain senti son parfum voler dans l'air.

Puis j'ai levé les yeux en regardant l'arbre

Et j'ai découvert des grappes de petites fleurs si innocentes et si douces.

Au début, elles étaient d'un jaune vaporeux

Elles sont devenues blanches comme la neige et se sont effritées.

On dirait qu'elles veulent me dire quelque chose

Elles n'étaient pas encore capables de me dire quoi que ce soit quand

    quand elles ont été séparées des branches


Il faut marcher légèrement et lentement

Au milieu du charbon noir, il y avait des fleurs blanches tombées...

*Bo Hon 2-1970*

# Fusain (1)

Le mois dernier, tu venais encore chez moi

Aujourd'hui, tu es déjà mort

**O Mung!**

Tu es allé creuser, voler du charbon de bois

Tu gagnais de l'argent pour nourrir ta mère et ton petit frère

Le poêle à charbon s'est effondré, vous avez été écrasé par les colonnes

Ton cadavre a été attaché dans un petit paquet de toile

Enterré sous le charbon de bois

Évitant les gens, la voiture a roulé toute la nuit...

Tu t'es couché sous la benne de la voiture

L'eau du charbon a imbibé ton corps en le noircissant

Jusqu'à ce qu'il soit lavé et propre

**O Mung!**

Le temps de la pauvreté est passé

Comment se fait-il que tu doives encore souffrir comme ça ?

Au cœur de la nuit, la pluie s'est mise à tomber

La voiture est repartie avec des roues boueuses

et des roues qui dégringolent

Sur le long chemin, le vent soufflait très fort...


Que recevra ta mère

De l'argent ? Du riz ? ou du tissu ?

Que recevra ton petit frère

Un cartable ? Des livres ? Des stylos ?

Tu es couché dans le ballot de toile

Ton visage écrasé par le charbon

Une charrette de charbon échangée contre une vie

A qui puis-je me plaindre

**O**

**Mung!...**

*1993*

(1) Robbed charcoal stalked violemment depuis 1988, et atteint le point culminant en 1993, le Premier ministre doit venir sur place pour le supprimer .

# Dalat

J'ai écouté attentivement le vague début de la vieillesse

Assez triste avec l'hébétude de tous les instants

Le son de la vieille cloche devenue moussue du côté de la vieille tour

Les nuages vacillants, mi-éveillés, mi-dormants,

        ont blanchi la rangée de pins


Qui cherchez-vous, votre robe violette me laisse perplexe.

Nos lèvres ont touché la couleur extrêmement insipide du soleil déclinant

L'amour sauvage est verdoyant avec un parfum d'antan

Cela a vaguement tourné dans l'amertume du myrte rose


La goutte de pluie triste a frappé le toit grisâtre du roi

Le soutien-gorge de la Reine a été jeté par inattention dans l'éloignement.

La fumée du lac bleuté de Xuan Huong était ardente mais silencieuse

Cela collait à mon âme plus que la résine de basalte

J'ai étendu ma main le long du pic Langbian

Ô beauté, pourquoi es-tu si silencieuse

Je suis allé

    Au sommet de la forêt déserte

Mon âme volant comme les fils de soie du ciel...

*Soirée du 5-5-1992*

# La Ville De Hagiang

Roulant mais silencieux

Surface très rouge sous la lumière des étoiles à la dérive

La rivière Lo a traversé la nuit comme un assassin

*Silencieusement, le roseau sauvage laisse échapper son âme dans les nuages blancs.*

Des myriades d'arbres de haute futaie se teintaient de couleurs automnales

Le sommet du Tay Con Linh était haut comme le ciel

Les montagnes ressemblaient à un groupe de chevaux rugissant avec rage.

Au milieu de l'air

Et s'élançant

*Le parfum de l'herbe verte de Dong Van flotte dans le vent...*

J'ai demandé à la rivière Lo : Quel est son but lorsqu'il coule éternellement ?

J'ai demandé à la montagne Tay Con Linh : Se sent-elle triste quand elle est si haute ?

J'ai soudain vu un roseau sauvage

Je l'ai regardé en silence

Impuissant

*Eh bien ! Le ciel est bleu, l'eau est bleue, la montagne est bleue, je suis bleu !*

J'ai marché seul à la fin de la saison de chute des fleurs

Lassé de toutes les choses de la vie

Jetant le vin vers les nuages blancs...

*Đang Yen 8-1994*

# Le Nord-Ouest

Le son du gazouillis des oiseaux est tombé à l'envers

    l'ombre de la montagne sur la rivière §μ

Les pierres ont crié à haute voix. L'espace a tremblé sous les chutes blanches

Le chemin en pente s'est incliné, suspendu au-dessus des nuages argentés.

L'âme de l'homme à l'esprit noble a teinté de rouge les feuilles des arbres de la forêt.


Muong Nua au soir d'autrefois,

le soleil s'étend sur le visage de l'homme

Tôt ce matin à Tay Trang, les vents soufflent abondamment

Fleurs de roseaux, dans la forêt de roseaux, les fleurs de roseaux volaient

Trois parties du ciel ont vacillé avec l'ombre de Lai Chau


Des nuages roulants sont apparus

    de la falaise de la montagne à côté

Ils tombent soudain sur quelques chutes laiteuses.

Dans le firmament du matin, la feuille était comme une goutte de feu.

Elle a tranché obliquement la falaise de mille mètres de haut.


La nature a dansé la danse insensée du serpent et du dragon.

Rivalisant avec le ciel, les montagnes s'élèvent éternellement.

Inclinant la tête, les nuages glissent.
      En levant la tête, la neige tombe
 Un pas de plus et l'on est à l'horizon


A quoi bon le ciel ! Hélas ! Il fait bien froid

A quoi bon le sommet ! Hélas !

 Tant de sièges denses et inquiétants

Poèmes jetés sur le ciel,

 les rivières et les montagnes sont restées sourdes

Laissons tomber la tristesse dans les milliers de kilomètres de l'espace...

    *Fansipang, dans la soirée du 27 février 1994*

# Une Fois Que Vous Êtes Passé Par Ce Lieu

Une fois que vous serez passé par ici
Et laissé tomber un sourcil sur la cour...

Puis... le chien a aboyé à un ami
Au loin, les oiseaux ont oublié de chanter, et tout près, les poissons ont oublié de nager

Ma femme a fait cuire du gruau et la marmite a brûlé
Quant à moi, je suis resté debout et assis, stupéfait...

A l'heure actuelle, ce sourcil
S'est transformé en un étrange brin d'herbe qui
                         qui a soudainement fleuri...

  Oh Hoa (Fleur) ! Je suis différent des autres
   Je n'ose pas tromper ma femme pour t'aimer...
  2008

# Il Semble Que Ce Jour-Là

Il semble que ce jour-là, nous nous sommes aimés.

Ne pleure pas, car je ne sais toujours pas comment te consoler

Ô vol ! Pourquoi gémir à la fin de la saison des rizières ?

Je n'ai crié qu'une fois... Mais pourquoi je me souviens sans cesse...

Pourquoi tombez-vous si... nombreux, ô fleurs de Xoan !

Il semble que les fleurs de Xoan soient devenues violettes ce jour-là.

Il ne fait pas froid du tout, pourquoi es-tu si tremblante ?

Vous m'attendez... pourquoi dire que vous attendez quelqu'un d'autre...

Où est le vol à l'heure actuelle ?

L'arbre Xoan n'est plus non plus dans le vieux hameau.

Ô personne étrangère ! Où es-tu maintenant, et te souviens-tu ?

Qu'il semble que ce jour-là, nous nous sommes aimés...

*Đong Trieu 2006*

# L'automne Est Arrivé

L'automne est venu me rendre visite et a laissé derrière lui

ses vagues empreintes ... les feuilles jaunes

Et une légère et pure tristesse

Au milieu de la blancheur des neiges qui s'envolent...

L'automne a résidé en moi et a perdu

Son amour frais et vert, qui, en y pensant

l'automne se sent encore mal à l'aise...

O mon cher amour, s'il te plaît, ne sanglote pas

Et ne me torture pas à travers des mondes de rêves...

L'automne m'a quitté et a abandonné

Tant de rêves à l'approche du vent du nord-est

Il ne me reste qu'une goutte de rosée glacée

Qui stagne et ne fond pas... depuis mon plus jeune âge...

*Vinh Thanh 2009*

# Permettez-Moi De Vous Demander...

Laissez-moi demander à l'arbre pourquoi il fleurit

Même si la pluie de printemps et la lumière chaude du soleil ne reviennent pas en arrière

La vieille tristesse crie dans le silence

La lune du soir tombe à l'extrémité du quai de la

de la rivière enchanteresse... (1)


Permettez-moi de demander au navire pourquoi il s'arrête

Quelle est sa destination ? Au milieu de l'immensité de la station de vie

Peut-être que lors du prochain voyage, je ne serai pas présent

Alors que tout le monde m'oubliera... comme c'est habituellement le cas...


Laisse-moi te demander pourquoi tu te mets en colère

Quand mon tour viendra, je devrai partir aussi...

Il n'y a que le coeur aimant qui bat encore étourdiment avec nostalgie

Surpris, nerveux et douloureux... Sous la masse verte de l'herbe...

*Hanoi, hôpita K. 16/01/2012*

---

(1) - *Selon une histoire populaire vietnamienne, la rivière qui coule en enfer provoque l'abrutissement de l'âme des gens.*

# Nous Allions Tous Les Deux Partir...

Nous étions tous les deux en train de partir.

Quand soudain tu es revenu

Je ne voulais vraiment pas t'ennuyer

En t'empruntant une goutte de larme

Tout au long de ma vie, je ne peux toujours pas la rembourser...

*2014*

# Peut-Être Parce Que La Nouvelle Lune...

Peut-être parce que la nouvelle lune est faible et douce

Répandant sa vague lumière sur les branches des grands arbres...

    Sais-tu pourquoi

Nous nous sommes aimés et nous nous sommes souvenus l'un de l'autre... jusqu'à maintenant...


Peut-être parce que la vapeur fraîche de l'automne passe à travers ton manteau

La vapeur de l'automne élève la voûte nocturne

Sais-tu pourquoi

Nous nous sommes aimés et nous nous sommes souvenus l'un de l'autre... jusqu'à maintenant...


Peut-être à cause du gazouillis de la grue tard dans la nuit, un seul,

  qui résonne vaguement dans la voûte bleue

L'air de la séparation teinte entièrement le haut du ciel

Sais-tu pourquoi

Nous nous sommes aimés et nous nous sommes souvenus l'un de l'autre... jusqu'à maintenant...

*2015*

# Vous Êtes Venu

Tu es arrivé à l'improviste et il faisait très froid
L'amandier de Malabar avec ses feuilles mortes
frissonnait sous la pluie
Eh bien, là-bas, à côté de la porte, une rose blanche
S'épanouit à nouveau avec le parfum omniprésent d'une fleur du passé...

*1991*

# Le Vénérable Vieillard Han Rend Son Dernier Soupir

*Veuillez écrire un article en mon nom*
*Demander pardon à des milliers d'enfants*
*J'ai passé toute ma vie à les battre*
*Certains d'entre eux ont vomi du sang*

*Sans argent, mais ils voulaient voir le film*
*Ils avaient des milliers d'astuces trompeuses*
*Mais ils ne pouvaient toujours pas me jeter de la poussière dans les yeux*
*Voilà ce qu'était un combattant modèle !*

*Escalader le mur et s'introduire par la fenêtre*
    *la fenêtre*
*Se rouler dans le rideau de velours*
*S'aplatir sous les grands sièges*
*Je les ai tous découverts*

*Le pays ne pouvait pas devenir plus riche*
*Même si je me suis mis à l'abri de l'argent*
   *et que j'économise chaque centime*
*En voulant être bon, je suis devenu mauvais*
*Y a-t-il quelqu'un dans cette vie qui soit comme moi ?*

**- Cher Monsieur, il me serait difficile d'écrire un article**

**Puis-je donc écrire un poème ?**

S'enfouissant le visage dans le mur, à partir de ce moment-là, il resta silencieux et ne prononça pas le moindre mot.

Il est resté silencieux et n'a pas prononcé le moindre mot...

Il a quitté cette vie

Un homme mort, il veut que son âme repose en paix

**Hélas !**

   **- Ô jeunes gens**

**Pardonnez ces erreurs du monde...**

*1991*

# Les Quatre Saisons

Maintenant, j'en ai assez du printemps lui-même

Je suis fâché de devoir souffrir de pluies détrempées

Les nuages ne ressemblent pas à des nuages avec leur couleur de cheveux de souris

Ô été ! S'il te plaît, viens vite

Je n'aime pas l'été avec son soleil qui blanchit les cheveux et la barbe

Il fait si chaud que j'ai même peur de mon vieil amant.

Il pleut à l'improviste comme des torrents.

Ô automne ! Viens vite...

O Fall, quelle fébrilité

Mon cœur agité était rempli
     d'une tristesse désolée

Les arbres se desséchaient et mouraient en silence

Ô hiver ! Viens me rejoindre

Le ciel poussiéreux était d'une noirceur absolue. Le froid

a balayé notre peau

Les corbeaux gémissent. Il ne reste rien d'agréable

On voudrait ouvrir toutes les portes et tous les portails

Chasser l'hiver, puis accueillir le printemps avec effervescence...


C'est ainsi que les quatre saisons tant attendues se sont succédé

    l'une après l'autre

Les détestant toutes, puis les aimant toutes

Et ainsi

Portant les soucis et rencontrant

des difficultés

La terre continue de tourner dans un ESPOIR sans fin...

*Saigon 4-1979*

# Don Quichotte

Ô ma Dulcinée, reviendras-tu laver tes vêtements près du vieux puits ? Tous mes boucliers et mes lances étaient brisés, Rossinante est mort. Des dizaines de moulins à vent errent encore sans soucis à travers le monde. Il y a toujours des myriades d'injustices et de misères humaines !

Des enfants dotés de drames dansaient frénétiquement sous la lueur de la lune. Ils riaient de moi et se moquaient de moi, car je poursuis leurs aspirations millénaires. Je t'ai adorée tout au long de ma jeunesse passionnée et de mes jours rêveurs. Je n'ai pas osé penser que tu n'étais qu'une fille excentrique...

Ai-je encore quelque chose pour moi-même ? Quelques coups injustes et plusieurs prédications démodées. Une fierté illusoire à l'auberge. La bienveillance, la droiture et la liberté, les souhaits de mon âme, se sont transformés en fleurs d'herbe qui ne fleurissent pas imprudemment dans tous les climats, près de toutes sortes de chemins...

En te disant adieu pour toujours, je ne suis pas en colère, ni en pitié, ni triste. J'ai fait ma part dans la vie avec un cœur volontaire. Les lampes et les chandelles éclairaient les voûtes des arbres, le village était en fête, de nombreux couples s'étaient mariés, mais je ne suis pas venu. J'ai flâné avec le vent errant vers la fin du ciel de l'amour.

La terre elle-même a oublié son passé glorieux, permettant au chant des oiseaux de voler brillamment comme un fil d'argent sur les montagnes et les rivières. Mais, ô ma Dulcinée, mais s'il existe encore quelqu'un qui a faim et qui souffre de partout et qui appelle à l'aide, je reviendrai en chevauchant Rossinante, brandissant haut la lance à long manche, marchant avec audace dans la pâleur des nuits éclairées par la lune...

*Moscou 25 avril 1990*

# La Chanson De Van Ly Truong Thanh

### (La Grande Muraille de Chine)

**O!** Il faut venir au Truong Thanh pour être un homme courageux (1)

Des dizaines de millions d'infirmes

                Des centaines de milliers de morts

Les cadavres construits dans la Grande Muraille montrent encore des os blancs

La tombe lugubre s'étend sur plus de dix mille lieues

Obstruant la face du globe


*O!* On croit encore voir des rangées d'hommes s'aligner jusqu'au ciel

Transportant des pierres dans les nuages blancs

Le bruit des fouets qui claquent sur la tête

Les hennissements des chevaux brûlent les falaises verticales

Le bruit des pierres et des hommes tombant dans l'abîme

      *O!* Le sang et les os de milliers de personnes

Des milliers de personnes transformées en pierres et en mortier

Des rois et des seigneurs ont construit une merveille

Un crime de premier ordre a propulsé le monument au sommet.

La silhouette de Qin Shihuang était si distincte dans la rosée froide

Les drapeaux flottaient à perte de vue...


*O!* Imposant, indiscipliné et mystérieux

Une scène après l'autre qui monte consécutivement

La tour de guet millénaire

      était cachée derrière la brume

Les oiseaux battent des ailes puis tombent

Le vent s'est également arrêté puis a soufflé en sens inverse


*O! La porte la plus puissante et la plus majestueuse*

*du monde* (2) mérite vraiment ce nom

La force des divinités et des saints, l'intelligence des fantômes et des démons

Elle rivalise en hauteur avec le ciel et en longueur avec la terre.

En fin de compte, qui défend-il ?

Le peuple tout entier a souffert et s'est indigné...

*O!* Je suis un citoyen vietnamien et je suis venu ici,

        Je ne sais pas après combien de personnes,

Je ne sais pas avant combien de personnes

Levant mon visage vers le ciel, je me suis lamenté :

***"La plus solide des grandes murailles de toutes les nations est la VOLONTÉ DU PEUPLE !"***

Si Qin Shihuang avait écouté ce que j'ai dit auparavant

Alors sa dynastie ne serait pas perdue après seulement plus d'un règne...

*Grande Muraille de Chine 9:00 AM 19.9.1999*

(1) Tiré d'une idée contenue dans un vers de Mao-Tse-Tung.

(2) La ligne de mots figurant sur l'étage de la porte de la Grande Muraille.

# Cinq Parties D'une Chanson Sur La Rive De La Rivière Truong Giang

## 1

Les tristes feuilles d'érable au bord de la rivière

Une goutte d'or tombe légèrement

Le point de feu de pêche vieux de mille ans a dérivé et s'est mis à osciller

Dérivant dans les nuages errants

Soudain, j'entends résonner loin à la ronde

Le son de la cloche de la pagode Han San

Le vent d'automne a touché mon âme

    de maintenant ou d'autrefois

Je chante la première partie, oh, l'amour qui traîne...

## 2

Où était Xich Bich ?

Le bruit des vagues s'est éteint

Le feu de la bataille s'éteignait

*Tao Thao, Chu Du sont tous devenus poussière.*

*Seules les souffrances du peuple tout entier subsistent encore aujourd'hui !*

Les vagues de Truong Giang ont déferlé, emportant sang et larmes vers la mer.

Ne demandez pas pourquoi la mer est salée jusqu'à présent

Je chante la deuxième partie, oh, il va pleuvoir...

### 3

Je me suis incliné avec admiration devant des temples qui apparaissaient et disparaissaient alternativement, rouges au milieu de la voûte verte des arbres centenaires.

et disparaissaient alternativement, rouges sous la voûte verte des arbres centenaires

Luu Bang, Hang Vu, Duc Duc, Quan Cong...

Les noms des héros sont longs comme des montagnes

Les morceaux des citadelles écrasées étaient solitaires et si hauts

Les panneaux de signalisation des anciens champs de bataille,

qui ont tué des dizaines de milliers d'hommes

*Avoir beaucoup de héros et un pays en paix, c'est vraiment génial*

*Ne pas avoir besoin de trop de héros alors que*

*le pays est toujours en paix*
    *est quelque chose d'encore plus grand !*

Je chante la troisième partie, oh, des mots qui flottent dans le pays des rêves...

## 4

Sans se soucier de ceux qui m'aiment, sans se soucier de ceux qui me détestent

Portant le verset Tang sur mes épaules,
        j'ai voyagé dans toute la Chine

Hélas, grands lacs ! Hélas, les hautes montagnes !

S'il vous plaît, ne soyez jamais en guerre

Ceux qui s'aiment ont des visages éblouissants

   éblouissants

Ceux qui se haïssent ont des visages noirs et bleus

Ce n'est pas une bonne chose de dégrader son visage

Je chante la quatrième partie, oh, un sentiment d'ivresse et de bonheur...

## 5

Voie rapide, ouverte
        Voies navigables, ouvertes

Voie aérienne, ouverte...

La Chine s'étend sur les cinq continents

Les gens sont comme des rivières

L'argent est comme l'eau

Les villas sont comme des forêts

Un vaisseau spatial s'est envolé vers la Lune

Des touristes venus des quatre coins

du monde parlent des centaines d'accents...

*O Truong Giang ! J'espère que toutes les nations franchiront de nouveaux sommets*

*Par des marches d'escalier sans le sang des gens !*

Je chante la cinquième partie, oh, la vie est fraîche et verte...

*Thuong Hai – Nam Kinh 17.9.1999*

# Nguyen Du

Où que j'aille, je t'ai rencontré

Permettez-moi de vous offrir une coupe de vin dans le ciel chinois

La grue d'or et la silhouette
    d'un palais lointain

La couleur qui s'estompe sur la ligne du ciel de Ho Nam,
    dans le soir sec

De grandes fêtes étaient souvent organisées dans les quartiers pauvres

Le champ de maïs était sec, le vent secouait le toit de la tente

Autrefois, tu étais envoyé en ambassade et tu étais venu ici (1)

La boue montait jusqu'à la moitié du ventre du cheval,
    la rivière était encombrée de bateaux à la dérive

Les arbres, l'herbe et la citadelle n'étaient plus les mêmes.

---

*(1) Dans les années 1813-1814, Nguyen Du a été envoyé en ambassade en Chine*

Le Hoang Ha était asséché, mais ton poème restait profond.

Toutes les époques se ressemblent

La tristesse d'être séparé, la douleur d'être trompé

Sur la rivière Tien Duong, la pluie de la nuit tombait à verse

L'eau coule sombrement comme si Kieu (2) n'avait pas été sauvé.

Nghiep Thanh a toujours le croassement des corbeaux

Sur le vieux quai de Lam Tri, les lampes du pont suspendu brillent de mille feux

Pourquoi avoir une beauté et un talent à rendre le ciel jaloux

Tu n'étais pas de l'eau que l'on pouvait purifier avec de l'alun

La vie est partout parsemée d'embûches

Les hommes de lettres ont un mauvais sort, les joues roses sont sans charme

Les jeux de hasard abondent dans la vie

L'arène politique est louche, l'argent devient illicite ...

---

(2) *Thuy Kieu (dans The Tale of Kieu) s'est noyée sur la rivière Tien Duong.*

Poser le pied sur le sommet du Thien Dan (1)

Des nuages blancs s'étendaient sur les quatre côtés, et les feuilles tombaient dans l'automne doré.

Spleeny Je t'ai revu

Me prosternant devant Toi, je suis debout dans le ciel de Chine...

*Co Cung (Palais impérial) 21.9.1999*

# Devant La Tombe Du Grand Écrivain Léon Nikolaïevitch Tolstoi

Les sommets de milliers de montagnes se sont rétrécis
Dans le carré d'herbe
        Battu par les intempéries
            Au sommet du torrent asséché
Des chefs-d'œuvre de génie
        Surpassant
            Toutes les limites
Le Créateur repose ici
        Petit et solitaire
            Au pied d'un chêne
J'ai baissé la tête en silence et j'ai appelé doucement :
O
    CHÈRE
        RUSSIE ! *Poliana*
*18 mai 1990*

# Dans Le Champ De Fleurs Dorées

L'herbe et les fleurs dorées s'étendent jusqu'à l'extrémité du ciel

Sans raison, on se transforme en personne lascive

Celui que je cherche dans le monde d'attente d'autrefois

La lune et le vent deviennent centenaires,
     c'est maintenant le temps de l'âge avancé


En fait je ne cherche rien

Je t'aime, je me suis frayé un chemin pour monter au ciel

J'aime les fleurs, je viens vers l'être aimé

Je ne sais vraiment pas ce que je sais vraiment...


Je ne sais pas ce que je sais vraiment...

Il semble que la neige blanche soit déjà revenue

Ô mon Dieu ! Comment se fait-il qu'elle soit si merveilleusement dorée

Alors que le monde est encore rempli de méchanceté
et d'ingratitude

*Giaparogie 5-1990*

# Visite Du Musée D'anthropologie

Le son du tigre a rugi pendant dix mille ans
Chaque grain de bois résonne encore
Érigé au milieu du musée indien

La forêt sauvage était encore verte
Couvrait la démarche du grand dinosaure
Les puissantes mères ourses
Se sont couchées sur le rocher gris
Le canoë se précipite sur la cascade

On sent encore la chaleur du feu
Brûlé dans une maison en forme de coquille d'œuf
Greffé de troncs d'arbres entiers
Le lit était bancal…
L'homme est resté immobile devant la cour
Les yeux bridés, le menton carré
Les mains posées sur la poitrine de mon chéri

Deux oreilles ont poussé deux grandes et longues ailes...

J'ai quitté le musée

Le rugissement du tigre n'avait pas cessé...

*Vancouver, 30 septembre 2010*

# Pluie À Victoria

Gouttes de pluie transparentes

dans mes mains

J'ai reconnu les gouttes de pluie de mes compatriotes

La pluie a recouvert le champ de maïs sur les rives de la rivière Rouge

Les gouttes de pluie n'ont pas de plan

Elles ont erré

Tandis qu'elles volaient et dormaient dans le ciel

Comme un lointain visiteur somnolent cherchant une auberge...

Cela m'a rappelé Hanoï

La pluie se faisait sentir sur le vieux toit moussu

Le clair de lune du lac de l'Ouest remplissait le ciel...

*Les pas de la pluie tremblent dans la canopée des feuilles...*

Plage de sable frais et fatigué

Comme une femme inconnue au torse nu

Reposée

Après la tempête rugissante du corps
L'autre côté
Des montagnes s'élèvent comme des voiles bleues
Restent immobiles sur la mer plate
Oh, Washington
Assez proche pour être traversé à la nage

Des voitures tirées par des chevaux sur une route vide
Pas un seul écho
Un grand cheval étrange
Quatre sabots recouverts de velours
Marchait sous la pluie
Une cigogne marine se promène au bord de la route
Une fille s'est assise dans la voiture
Les jambes blanches s'étirent
Le visage regardait de côté
Si belle qu'elle semblait irréelle...

*Des pas pluvieux s'esquivent sur le toit...*

Des blocs de rues se sont allongés et ont respiré
Le goût fort de la mer
Le bruit de la pluie est léger et se répercute

Qui a laissé sa fenêtre ouverte ?

Un couple s'est embrassé

Ils sont tombés

Je l'ai deviné

Parce qu'après ça

Les deux têtes ont disparu

Ils ont déversé leur lumière l'un sur l'autre

Dans les torsions

Et la pièce

S'est soudain illuminée de couleurs fantomatiques...


*Des pas pluvieux marchent dans les nuages...*


Personne ne pouvait rien dire sur les morts

Mais les gouttes de pluie

Parlaient des nouveaux-nés

Dans ces maisons chaudes

Avec un long cordon ombilical

Oh, la vie était pleine de bonheur


Qui était le premier capitaine sans nom ?

Avait plongé la proue du bateau dans l'ombre de la forêt sauvage

J'entends encore le grincement des ancres qui s'enfoncent dans le sable.

Il s'est avancé sur le rivage, musclé et majestueux

Depuis cent ans maintenant

Le sommet du bâtiment de l'Assemblée nationale s'élève dans le ciel

Statue en or massif de seize tonnes

À ses côtés

Feuille d'érable rouge vif

S'envole sereinement et paisiblement

Elle scintille parmi les couleurs du drapeau comme des flammes.

*Des pas pluvieux s'élancent vers l'horizon...*

*Whistler, 14 octobre 2010*

# Le Poète Et Le Voleur

Le poète dort souvent les portes grandes ouvertes
Liant vaguement les quatre bandes de la moustiquaire
sur quatre grappes d'étoiles
Il ne sait pas que chaque nuit, les voleurs
qui traversent sa maison, se tiennent toujours en silence
   pour s'incliner et saluer...

*Bo Hon 6-1989*

# L'oiseau

Casser la cage à oiseaux
        Libérer l'oiseau
L'oiseau vole autour de la véranda de la maison familière.
Doucement, l'oiseau s'est perché
Sur la branche de l'arbre dans le bassin, se croyant
qu'il était dans une forêt lointaine...
Puis l'oiseau tenta de retrouver le coin de la maison
Glissant tête baissée dans la cage écrasée pour chanter...

L'oiseau oublia même le firmament
Et n'avait que son gazouillis qu'il offrait
à son gardien...

*Printemps 2000*

# Recommandation À Son Enfant

Personne ne veut être un mendiant

Une sorte de persécution de Dieu dans ce monde

Il ne faut pas se moquer d'eux

Bien qu'ils sentent l'il1 et qu'ils s'effritent


Notre maison est proche de la route, alors ils sont venus.

Si nous avons donné quelque chose, ce n'était pas grand-chose

Il ne faut jamais leur demander

Où est leur patrie...


Notre chien est très méchant

Dès qu'il voit un mendiant, il mord.

Il faut le réprimander

Si ce n'est pas le cas, vendez-le

On peut dire que nous sommes bien nourris et chaudement vêtus

Qui sait comment tourne l'art céleste

La bonté confiée aux gens

Pourrait plus tard vous permettre de me nourrir...

*Luc Thuy Gate 13-11-1991*

# Liberté

Pleurer quand on veut pleurer
Rire quand on veut rire
A cause de cette simple question
Le sang maintenant
  S'écoule encore...
    *3-2-1986*

# Vous Devriez Venir À Cette Minute

Nous avons été loin l'un de l'autre tout au long de notre vie

A cette minute, seras-tu assez proche

Il suffit de rester dehors, de parler et de rire doucement

Comme un étranger...

    Je te reconnaîtrai toujours


Nous n'avons pas été ensemble tous les jours et toutes les nuits

A cette minute, tu devrais être présent

Même si tu es occupé, tu devrais garder le silence

Et me suivre... seulement pour un tronçon de route...


Nous nous sommes oubliés dans la joie et la tristesse

A cette minute, tu dois te souvenir

Il semble que la radio ait diffusé les nouvelles

Il semble que quelqu'un l'ait dit
Il semble que personne n'ait rien dit...

*8-2001*

# Inconscience

J'ai vécu parmi tant de parents
Quand j'étais enfant, j'appelais O Mère !
    Quand j'ai grandi, je l'ai appelée Ma Chérie !
Mais pourquoi à chaque fois que j'ai eu un accident
J'ai tout naturellement et immédiatement appelé le Ciel !


Le ciel a des yeux, des oreilles ?
                Qui peut voir ?
Quelle relation le Ciel entretient-il avec nous ?
                Nous ne le savons pas non plus
Pourquoi appeler le Ciel ?
                Nous ne savons tout simplement pas
Le Ciel viendra-t-il nous aider ?
                Nous ne sommes pas jeunes et innocents...


Je suis hébété devant l'Inconnu
Qui nous pétrit dans l'infini

Est-il vrai que chaque frêle point humain sur cette terre

Représente le symbole vague et mystérieux de l'air

      Enfant, j'étais couché sous une forêt d'étoiles argentées

Rêvant d'un bateau-lune qui m'emportait en déséquilibre

Surmontant parfois les dangers grâce à l'illusion

Ce que je sais le mieux dans ma vie, c'est que je ne sais rien...


Je me crée le Ciel et la Religion

 du Ciel pour me préserver des

les attraits de la vie ordinaire

Puis je me trompe aussi dans ma propre âme

Déployant mes mille bras(1) sans toucher l'immensité

En frissonnant je suis tombé dans une solitude sans limite...


*Rédigé à la suite de l'accident de la circulation*
*sur la route n° 5 (Hai Duong) dans lequel j'ai été*
*cliniquement mort de 22h00 le 5 août à 02h00 le 6 août 2001.*

*(1) Bouddha a mille bras.*

# Faire Ses Adieux

Rentrons à la maison O Dear, Les feuilles d'or de l'automne sont tombées

Triste et lumineux sont les âmes qui volent.

En refermant le livre de poèmes, la moitié de mes cheveux est devenue argentée

Vous n'en auriez pas besoin au milieu de l'effervescence du marché aux puces


Des vers qui ont tourmenté la vie d'un homme

Nous n'avons pas besoin de savoir si quelqu'un se souvient encore

Cette vie avec tant d'incertitudes

Je pourrais partir sans avoir le temps de dire au revoir...


Vous me cherchez ? En tout lieu, en tout lieu

En apercevant soudain une fleur d'herbe frissonnante qui s'est épanouie

En rencontrant fugitivement la silhouette d'un misérable

En tendant la main... aussi profonde que ce monde

Rentrons à la maison O Dear...

              L'automne est déjà doré aux quatre coins du pays

Les nuages sont blancs et sont venus depuis des temps immémoriaux

Le vent est devenu vert et a été soufflé

*des fleurs de l'herbe(1)*

*S'épanouissent à profusion les aspirations profondes d'un avenir sans limites...*

    *Thang Long, automne 1993*

*(1) Par Flowers of Grass, le poète entend la condition humaine et les aléas de la vie. - Note du traducteur.*

# A propos de l'auteur

**Tran Nhuan Minh**

Le poète Tran Nhuan Minh est né en 1944 à Dien Tri, Quoc Tuan, district de Nam Sach, province de Hai Duong au Viêt Nam. Il est diplômé du département de littérature et de lettres de l'université générale de Hanoi. Il vit et écrit dans la province de Quang Ninh depuis 1962. Il a été cofondateur et président de l'Association de littérature et d'art de Quang Ninh. Il a été président de l'Union de la littérature et des arts du Viêt Nam pendant de nombreuses années. Il a également été membre du Conseil de la poésie de l'Association des écrivains du Viêt Nam.

Il a publié 52 livres de plusieurs genres (poésie, roman, essai, critique littéraire, recherche culturelle et historique, introduction à la revue de quelques grands poètes étrangers). Ses œuvres ont été traduites dans de nombreuses autres langues et publiées dans certains pays étrangers, et elles ont été enseignées dans des écoles depuis 1980.

Il a remporté de nombreux prix littéraires locaux, nationaux et de la région du Mékong, notamment le prix littéraire national - étape II - 2007. Ses réalisations exceptionnelles dans le domaine littéraire et social lui ont valu trois grandes médailles, huit médailles, six médailles commémoratives et trois diplômes de travail créatif.

Il a visité et participé à des séminaires littéraires dans plusieurs pays, dont le Canada, où il a séjourné un mois. Pendant son séjour au Canada, il a écrit de nombreux poèmes et rapports, qui ont été publiés dans la presse vietnamienne et canadienne.

www.ingramcontent.com/pod-product-compliance
Lightning Source LLC
LaVergne TN
LVHW041851070526
838199LV00045BB/1543